LUCIEN DE SAMOSATE

Sectes à vendre

W0376563

Traduit du grec par
Belin de Ballu

Révision de la traduction et postface par
Joël Gayraud

Couverture et illustrations de
Laurence Bériot

ÉDITIONS MILLE ET UNE NUITS

LUCIEN
n° 139

Texte intégral.
Titre original : *Βίων πράσις*

© Éditions Mille et une nuits, février 1997,
pour la présente édition.
ISBN : 2-84205-108-4

Sommaire

LUCIEN DE SAMOSATE

Sectes à vendre

Hercule
l'Aigle
le Dauphin
le Petit Cheval
Pegase
Andromede
Triangle
Mouche
le Belier
1 FRANC

Sectes à vendre

JUPITER, MERCURE, UN MARCHAND, PYTHAGORE, DÉMOCRITE, HÉRACLITE, SOCRATE, DIOGÈNE, CHRYSIPPE, ÉPICURE, *et plusieurs autres.*

JUPITER. — Rangez les bancs, et préparez la salle pour ceux qui vont venir ; toi, range de suite et amène les différentes sectes : mais auparavant, qu'on ait soin de les parer, afin que leur bonne mine attire la foule des acheteurs. Toi, Mercure, tu feras l'office de crieur. Appelle les marchands sous d'heureux auspices, et dis-leur d'entrer dans cette salle de vente : nous y adjugerons des sectes philosophiques de tout genre et de toute espèce. Si quelqu'un ne peut pas payer argent comptant, il le fera l'année prochaine, en donnant caution.

MERCURE. — Voici beaucoup de marchands qui se présentent ; il ne faut pas différer, ni les arrêter plus longtemps.

JUPITER. — Eh bien, vendons !

MERCURE. — Qui veux-tu que nous exposions le premier à l'enchère ?

JUPITER. — Cet Ionien à longue chevelure : il a l'air vénérable.

MERCURE. — Hé ! le Pythagoricien, descends, et laisse-toi voir par tous ceux qui sont ici.

JUPITER. — Annonce-le.

MERCURE. — Je vends la vie parfaite, la vie sainte et vénérable ; qui veut l'acheter ? qui veut être au-dessus de l'homme ? qui veut connaître l'harmonie de l'univers, et revivre après sa mort ?

LE MARCHAND. — Il n'a point mauvaise mine : mais, que sait-il ?

MERCURE. — L'arithmétique, l'astronomie, l'art de faire des prodiges, la géométrie, la musique, la fourberie. Vous voyez là un excellent devin.

LE MARCHAND. — Est-il permis de l'interroger ?

MERCURE. — Interroge-le, à la bonne heure.

LE MARCHAND. — De quel pays es-tu ?

PYTHAGORE. — De Samos.

LE MARCHAND. — Où as-tu été instruit ?

PYTHAGORE. — En Égypte, par les Sages du pays.

LE MARCHAND. — Ça, si je t'achète, que m'enseigneras-tu ?

PYTHAGORE. — Je ne t'enseignerai rien : je te ferai ressouvenir[1].

LE MARCHAND. — Eh, comment me feras-tu ressouvenir ?

PYTHAGORE. — Ce sera en purifiant ton âme, et en la nettoyant de toutes les ordures qui la couvrent.

LE MARCHAND. — Eh bien, imagine qu'elle est purifiée ; par quel moyen me donneras-tu la réminiscence ?

PYTHAGORE. — D'abord par un long silence, et une défense de parler pendant cinq ans.

LE MARCHAND. — Va-t'en instruire le fils de Crésus[2] : pour moi, je suis babillard, et je ne veux pas ressembler à une statue. Mais après ce silence, que ferai-je ?

PYTHAGORE. — Tu t'exerceras à la musique et à la géométrie.

LE MARCHAND. — Tu plaisantes. Il faudra, pour devenir sage, que je sache auparavant jouer de la cithare ?

PYTHAGORE. — Je t'apprendrai à compter.

---

1. Suivant Pythagore, on avait tout su dans une autre vie, et il regardait la science qu'on acquiert dans celle-ci comme une pure réminiscence. *(Sauf mention particulière, toutes les notes sont de Belin de Ballu.)*
2. Il était muet (Hérodote, *Clio)*.

LE MARCHAND. — Je le sais dès à présent.

PYTHAGORE. — Eh bien, comment comptes-tu ?

LE MARCHAND. — Un, deux, trois, quatre.

PYTHAGORE. — Tu vois bien ; ce que tu crois quatre est dix, le triangle parfait, notre serment ordinaire[1].

LE MARCHAND. — Par Quatre ! ce grand serment, je n'ai jamais entendu un langage plus divin et plus sacré[2].

PYTHAGORE. — Ensuite, étranger, tu sauras ce que c'est que la terre, l'air, l'eau et le feu ; quels sont leur mouvement et leur forme.

LE MARCHAND. — Quoi ! le feu, l'air et l'eau ont donc une forme ?

PYTHAGORE. — Certainement, et très visible ; car s'ils n'avaient ni forme ni figure, ils n'auraient pas la

1. Au lieu d'énoncer seulement ces nombres, Pythagore les additionne

$$\begin{array}{r} 1 \\ 2 \\ 3 \\ \underline{4} \\ 10 \end{array}$$

Ce triangle parfait est le problème du triangle équilatéral trouvé par Pythagore, et qu'il représentait de cette manière

•
• •
• • •
• • • •

À l'égard du serment, en voici la teneur :
« *Non, par celui qui donne à notre âme le quaternion, cette source des principes de la nature éternelle.* » Ce nombre était en effet, selon les Pythagoriciens, le symbole des quatre éléments.

2. Parce qu'il est obscur.

propriété de se mouvoir. De plus, tu sauras que la divinité est un nombre, une intelligence et une harmonie[1].

LE MARCHAND. — Voilà des choses admirables.

PYTHAGORE. — Et quand je t'aurai expliqué tout cela, tu sauras que tu es tout autre que ce que tu crois être et que tu parais. Tu n'es pas un, comme tu te l'imagines.

LE MARCHAND. — Que dis-tu là ? je suis un autre, et ce n'est pas moi-même qui converse avec toi ?

PYTHAGORE. — Actuellement c'est toi-même ; mais tu as paru autrefois avec un autre corps et sous un autre nom : par la suite tu changeras encore de forme.

LE MARCHAND. — C'est-à-dire que, passant successivement d'une forme à une autre, je serai immortel. Mais en voilà assez sur ta doctrine ; passons à ta manière de vivre.

PYTHAGORE. — Je ne me nourris d'aucune chose qui ait eu vie ; je mange de tout le reste, excepté des fèves.

LE MARCHAND. — Et pourquoi ? Les dédaignerais-tu ?

PYTHAGORE. — Je ne les dédaigne pas ; au contraire, je les regarde comme sacrées. Leur nature a quelque

1. Plutarque, *Traité d'Isis et d'Osiris*, nous apprend que Minerve était représentée par le triangle équilatéral ; Apollon par le nombre un ; la Discorde par deux ; la Justice par trois ; quatre était le signe de la Divinité en général et le grand serment, comme Lucien l'a remarqué plus haut. Ce nombre était aussi le symbole de l'Univers.

chose d'admirable, car elle renferme toute espèce de génération ; si tu dépouilles des fèves vertes, tu verras qu'elles ressemblent beaucoup aux testicules de l'homme ; et si, après les avoir fait cuire, tu les exposes pendant un certain nombre de nuits aux rayons de la lune, elles te donneront du sang. Mais ma plus forte raison, c'est que les Athéniens s'en servent ordinairement pour élire leurs magistrats.

LE MARCHAND. — Tu parles bien, et tes discours sont tout à fait merveilleux. (*À Mercure.*) Mais ôte-lui sa robe ; je veux le voir nu. Par Hercule ! il a une cuisse d'or : c'est sans doute un dieu, car il ne ressemble point à un homme. Il faut absolument que je l'achète. Combien en veux-tu ?

MERCURE. — Dix mines.

LE MARCHAND. — Les voilà ; je le prends à ce prix.

JUPITER, à *Mercure*. — Écris le nom et la patrie de l'acheteur.

MERCURE. — Il me paraît être d'Italie, un habitant de Crotone, de Tarente, ou de Grande-Grèce[1]. Mais il n'est pas seul ; ils sont plus de trois cents à l'avoir acheté en commun.

JUPITER. — Qu'ils l'emmènent, et qu'on en fasse venir un autre.

---

1. C'était là que Pythagore avait fondé son école. C'est de Grande-Grèce que sont sortis les plus fameux Pythagoriciens.

MERCURE. — Veux-tu cet homme malpropre, né dans le Pont[1] ?

JUPITER. — Justement.

MERCURE. — Approche, toi qui portes une besace et une tunique sans manches ; fais le tour de cette salle. Je vends une vie mâle et courageuse, une vie libre ; qui veut l'acheter ?

LE MARCHAND. — Comment, crieur, tu vends un homme libre ?

MERCURE. — Oui.

LE MARCHAND. — Et tu ne crains pas qu'il ne te cite à l'Aréopage, et ne t'accuse d'attenter à sa liberté ?

MERCURE. — Oh ! peu lui importe d'être vendu, car il ne pense pas en être moins libre.

LE MARCHAND. — Mais que pourrait-on faire d'un homme aussi crasseux et vêtu aussi misérablement, à moins de l'employer à creuser la terre ou à porter de l'eau ?

MERCURE. — Il peut encore te servir à autre chose ; et si tu en fais un portier, il remplira cet emploi mieux qu'un chien : d'ailleurs, il l'est déjà par son nom[2].

LE MARCHAND. — Et quelle est sa patrie, sa profession ?

---

1. Diogène naquit à Sinope, ville de Cappadoce ; elle appartenait aux rois du Pont, qui y faisaient leur résidence ; voilà sans doute pourquoi Lucien le dit né dans *le Pont*.
2. Le même mot, *κύων*, signifie *chien* et *cynique*.

MERCURE. — Interroge-le toi-même.

LE MARCHAND. — Je n'oserais ; son regard sévère et sombre m'impose ; je crains, si je l'approche, qu'il n'aboie après moi ; peut-être il me mordrait. Ne vois-tu pas comme il lève déjà son bâton et fronce les sourcils ? Son œil devient menaçant et furieux.

MERCURE. — Rassure-toi ; il est apprivoisé.

LE MARCHAND. — Eh bien, mon ami, dis-moi premièrement de quel pays tu es.

DIOGÈNE. — De partout.

LE MARCHAND. — Qu'est-ce que cela veut dire ?

DIOGÈNE. — Tu vois un citoyen du monde.

LE MARCHAND. — Eh, qui prétends-tu donc imiter ?

DIOGÈNE. — Hercule[1].

LE MARCHAND. — Pourquoi donc ne te revêts-tu pas aussi d'une peau de lion ? Tu lui ressembles déjà par ton bâton.

DIOGÈNE. — Ce manteau me tient lieu d'une peau de lion. Comme Hercule, je fais la guerre aux voluptés, et cela, de moi-même, sans attendre les ordres d'un autre[2] ; je me fais un devoir de purifier la vie humaine.

LE MARCHAND. — Je te loue d'avoir un pareil dessein : mais que peut-on dire que tu saches le mieux ? à quel art t'es-tu appliqué ?

---

1. C'était le grand patron des Cyniques.
2. Allusion aux travaux d'Hercule, entrepris sur les ordres d'Eurysthée.

DIOGÈNE. — Je suis l'artisan de la liberté des hommes, le médecin de leurs passions ; en un mot, le ministre et l'interprète de la vérité et de la franchise.

LE MARCHAND. — Fort bien, bel interprète ; mais si je t'achète, comment m'instruiras-tu ?

DIOGÈNE. — En te prenant pour mon disciple, je commencerai par t'arracher à la volupté, pour te faire habiter avec la pauvreté. Je te revêtirai ensuite de ce manteau ; je t'obligerai à travailler, à te donner beaucoup de peine et de fatigue, à coucher sur la dure, à boire de l'eau et à te nourrir de tout ce que le hasard te présentera. Quant aux richesses, si tu en possèdes et que tu veuilles me croire, tu iras de ce pas les jeter dans la mer. Tu ne te soucieras plus de femme, d'enfants, de patrie ; tu regarderas tout cela comme des fadaises. Bientôt, quittant la maison paternelle, tu habiteras un tombeau, quelque tour abandonnée, ou bien un tonneau. Tu porteras une besace pleine de pois chiches et de livres écrits des deux côtés[1], et dans cet équipage, tu te vanteras d'être plus heureux que le grand roi[2]. Si l'on te donne des coups de fouet, ou qu'on te mette à la torture, tu ne croiras pas que ce soit un mal.

---

1. On sait que les Anciens écrivaient sur de longs parchemins, dont on ne remplissait ordinairement qu'un côté, et qu'on roulait ensuite, ce qui leur faisait donner le nom de volume, du latin *volumen*, rouleau.
2. Le roi des Perses. (*N.d.E.*)

LE MARCHAND. — Que dis-tu là ? je n'éprouverai point de douleur si l'on me donne des coups de fouet ? Oh ! je n'ai pas une caparace de tortue ou de crabe.

DIOGÈNE. — Tu suivras la maxime d'Euripide ; il y a peu de chose à changer.

LE MARCHAND. — Quelle est-elle ?

DIOGÈNE.

Ton esprit souffrira ; mais ta langue muette
N'en témoignera rien[1].

Écoute à présent ce que je te veux enseigner. Montre beaucoup d'arrogance et de hardiesse, dis des injures à tout le monde, sans distinction, aux rois comme aux particuliers, c'est le moyen de t'attirer les regards de la multitude et de passer pour un homme courageux. Affecte un langage barbare, une voix rauque et semblable à celle d'un chien : prends un air rébarbatif, une démarche qui réponde à ton visage : en un mot, sois aussi sauvage qu'une bête féroce. Loin de toi la pudeur, la douceur et la modération ! Efface la rougeur qui pourrait te couvrir le front ; cherche les villes les plus habitées, et là, vivant seul

1. Hippolyte, v. 612 : le vers d'Euripide signifie *ma langue a prononcé le serment, mais mon esprit ne l'a point fait*. Diogène renverse la pensée.

au milieu de la foule, ne fais société avec personne; fuis les liens de l'amitié et de l'hospitalité, comme la cause de la ruine des États ! Fais à la vue de tout le monde ce qu'on aurait honte de faire tout seul, et dans les plaisirs de Vénus, préfère les postures les plus ridicules. Enfin, meurs quand tu le voudras, en mangeant un poulpe cru ou une seiche. Voilà la félicité que je te procurerai.

LE MARCHAND. — Fi donc ! ta doctrine est inhumaine et détestable.

DIOGÈNE. — Elle est du moins bien aisée à apprendre; tout le monde peut facilement la pratiquer : tu n'auras besoin, pour la suivre, ni d'étudier beaucoup, ni d'écouter de longs discours, souvent fort ridicules. C'est, d'ailleurs, le chemin le plus court par lequel tu puisses arriver à la gloire; et quand tu serais un homme ordinaire, un savetier, un vendeur de viande salée, un charpentier ou un banquier[1], rien ne t'empêchera de devenir un personnage important, pour peu que tu fasses voir audace et impudence, et que tu saches vomir à propos des injures.

LE MARCHAND. — Je n'ai pas besoin de toi pour apprendre de semblables impertinences. Cependant tu

1. Diogène avait été banquier à Sinope : son père, chargé de la fabrication de la monnaie, en avait fait de fausse, et avait pris la fuite, pour éviter la punition de son crime.

pourrais me servir de matelot ou de jardinier, à l'occasion, et si le crieur consent à te vendre pour deux oboles, au plus…

MERCURE. — Prends-le pour ce prix. Nous nous en débarrasserons bien volontiers ; car ses déclamations continuelles nous fatiguent. Il insulte tout le monde sans distinction et tient mille propos impertinents.

JUPITER. — Appelles-en un autre, ce Cyrénéen, cet homme toujours vêtu de pourpre et couronné de fleurs[1].

MERCURE. — Ça, qu'on fasse attention : voici quelque chose de magnifique ; mais il n'y a qu'un riche qui puisse l'acquérir. Voici la vie agréable, la félicité parfaite. Qui veut goûter la volupté ? qui veut acheter ce délicat personnage ?

LE MARCHAND. — Approche un peu, mon ami, et dis-moi ce que tu sais faire ; car si tu peux m'être utile, je pourrai bien t'acheter.

MERCURE. — Ne l'importune pas, mon cher ; cesse

---

1. Aristippe, chef de la secte des Cyrénaïques, fut disciple de Socrate ; comme lui, il ne s'attacha qu'à la morale, et négligea la physique pour laquelle il avait beaucoup de mépris ; mais il défigura étrangement la morale de son maître, par les leçons de débauche et de suicide qu'il donnait. Selon Aristippe, le souverain bien consistait dans la volupté des sens ; il eut une fille, nommée Aretée, qui lui succéda dans son école : on le surnomma *l'orateur de la mort*, parce qu'il enseignait à ses disciples à se tuer pour le moindre dégoût qu'ils ressentaient de la vie.

de l'interroger ; il est ivre, et ne pourrait pas te répondre. Ne vois-tu pas comme il bégaie ?

LE MARCHAND. — Eh ! quel homme sensé voudrait acheter un esclave si corrompu et si débauché ? Que de parfums il exhale ! Comme sa marche est chancelante et mal assurée ! Mais toi, Mercure, dis-moi, je te prie, quels sont ses talents, et à quoi s'est-il appliqué ?

MERCURE. — À une seule chose. Il est bon convive, capable de faire raison la coupe à la main, de danser au son des flûtes, dans les festins. Il convient parfaitement à un maître qui s'abandonne à l'amour et à la débauche. Il est, de plus, très versé dans l'art de préparer les mets et de pétrir des gâteaux. En un mot, c'est un homme savant en voluptés. Élevé à Athènes, il a été valet des tyrans de Sicile, et s'est acquis auprès d'eux une grande réputation. Le dogme principal de sa philosophie est de mépriser toutes choses, de se servir indifféremment de toutes et de chercher en tout le plaisir.

LE MARCHAND. — Oh ! tu peux jeter les yeux sur quelqu'un de riche et d'opulent, car, pour moi, je ne suis pas en état d'acheter une vie si voluptueuse.

MERCURE. — Jupiter, celui-ci a tout l'air de ne point trouver d'acquéreur et de nous rester.

JUPITER. — Fais-le retirer et produis-en un autre, ou plutôt ces deux personnages, le rieur Abdéritain et le pleureur d'Éphèse. Ils demandent à être vendus ensemble.

MERCURE. — Avancez tous deux au milieu de la salle. Je vends une vie excellente, je vous annonce les deux plus sages mortels qui soient au monde.

LE MARCHAND. — Oh ! Jupiter, quel contraste ! l'un ne cesse de rire, et l'autre semble regretter quelqu'un ; il pleure tout de bon. (*À Démocrite.*) Qu'as-tu donc à rire, mon ami ?

DÉMOCRITE. — Tu le demandes ? C'est que toutes vos actions me paraissent aussi ridicules que vous-mêmes.

LE MARCHAND. — Que dis-tu là ? Tu te moques de nous tous, et tu ne fais aucun cas des choses dont nous nous occupons.

DÉMOCRITE. — Il est vrai. Il n'y a rien de sérieux parmi vous autres. Un vide universel, le concours des atomes et l'immensité, voilà tout ce qui existe.

LE MARCHAND. — Tu te trompes, toi seul, tu es véritablement vide, et tu n'es qu'un ignorant... Mais quelle insolence ! tu ne cesseras donc pas de rire ? Et toi, mon ami, qu'est-ce qui te fait pleurer ? On gagne peut-être davantage à causer avec toi.

HÉRACLITE. — Hélas ! cher étranger, toutes les choses humaines me paraissent bien tristes et bien déplorables. Il n'y a rien parmi vous qui ne soit soumis à un fâcheux destin. C'est pour cela que vous excitez ma compassion et que je verse tant de larmes. Le présent ne m'offre rien d'avantageux, et l'avenir est bien affligeant. J'annonce l'embrasement et la destruction de l'univers : je pleure l'instabilité des choses d'ici-bas : tout y roule dans une confusion étrange. Le plaisir n'est que douleur, la science incertitude ; ce qu'on croit grand est petit, ce qui paraît en haut est en bas, tout circule et tout change dans le jeu du siècle.

LE MARCHAND. — Et qu'est-ce que le siècle ?

HÉRACLITE. — Un enfant qui joue aux dés et qui dispute.

LE MARCHAND. — Et les hommes, qui sont-ils ?

HÉRACLITE. — Des dieux mortels.

LE MARCHAND. — Et les dieux ?

HÉRACLITE. — Des hommes immortels.

LE MARCHAND. — Tu ne parles que par énigmes, mon ami ; ton intention est-elle de nous proposer quelque question embarrassante ? Tes discours ressemblent assez aux oracles d'Apollon ; tu ne dis rien que d'obscur.

HÉRACLITE. — C'est que je ne fais aucun cas de vous.

LE MARCHAND. — Eh bien ! personne de sensé ne t'achètera.

HÉRACLITE. — Que l'on m'achète ou non, je vous ordonne à tous de pleurer comme des enfants.

LE MARCHAND. — Cette maladie n'est pas éloignée de la mélancolie. Je n'achèterai aucun de ces deux-là.

MERCURE. — Ils nous restent encore sans pouvoir trouver d'acheteur.

JUPITER. — Annonces-en un autre.

MERCURE. — Veux-tu cet Athénien babillard et facétieux ?

JUPITER. — Oui.

MERCURE. — Viens ici, toi. Voici une vie sage et sensée ; qui achètera ce très saint personnage ?

LE MARCHAND. — Dis-moi, quelle est ta science et ta profession ?

SOCRATE. — Je suis l'amoureux des jeunes gens, et je sais à fond tout ce qui concerne l'amour.

LE MARCHAND. — Comment pourrais-je t'acheter ? J'ai besoin d'un précepteur pour mon fils, qui est un fort beau garçon.

SOCRATE. — Qui serait plus propre que moi, à vivre avec un beau jeune homme ? Ce n'est pas de la beauté du corps, mais de celle de l'âme que je suis amoureux. Sois sans inquiétude, car de tous ceux qui reposeraient avec moi sous la même couverture, aucun ne pourrait dire avoir jamais rien éprouvé de déshonnête de ma part.

LE MARCHAND. — Ce que tu dis là m'étonne ; il n'est guère croyable qu'un amoureux de la jeunesse ne se soucie uniquement que de l'âme, surtout quand il peut, à son gré, reposer sous la même couverture que son élève.

SOCRATE. — Assurément ; j'en jure par le Chien et par le Platane ; rien n'est plus vrai[1].

LE MARCHAND. — Par Hercule ! les singuliers dieux que voilà !

SOCRATE. — Eh quoi ! le Chien ne te semble donc pas être un dieu ? Ne connais-tu pas l'Anubis des Égyptiens, et quelle est sa figure, le Sirius qui est dans le ciel, et Cerbère qui garde les royaumes souterrains ?

LE MARCHAND. — Tu as raison ; c'est moi qui me trompais. Mais quel est ton genre de vie ?

SOCRATE. — J'habite une ville que je me suis construite pour moi-même, dans une république étrangère, où je vis selon mes propres lois.

LE MARCHAND. — Je voudrais bien en connaître quelqu'une.

SOCRATE. — Écoute : voici l'une des principales, qui contient ma façon de penser sur les femmes. Je pense qu'aucune d'elles ne doit appartenir à personne en particulier, mais qu'elle doit se donner à quiconque voudra la prendre.

LE MARCHAND. — Que dis-tu ? tu as donc abrogé les lois contre l'adultère ?

SOCRATE. — Sans doute, et toute vétille de cette espèce.

1. C'était le serment ordinaire de Socrate.

LE MARCHAND. — Et quel est ton sentiment sur les beaux garçons ?

SOCRATE. — Leurs baisers doivent être la récompense des gens vertueux, et de ceux qui se sont distingués par des actions éclatantes.

LE MARCHAND. — Dieux ! que tu es magnifique dans tes récompenses ! Mais le point principal de ta doctrine ?

SOCRATE. — Ce sont les idées et les modèles de tous les êtres. En effet, tout ce que tu vois, la terre, les animaux qui l'habitent, le ciel, la mer, etc., ont leurs images invisibles, qui existent hors de l'univers[1].

LE MARCHAND. — Eh, où existent-elles donc ?

SOCRATE. — Nulle part ; car si elles existaient quelque part, elles n'existeraient pas du tout.

LE MARCHAND. — Mais je ne vois point ces modèles dont tu parles.

SOCRATE. — Cela n'est pas surprenant ; tu es aveugle des yeux de l'âme. Pour moi, je vois les images de tous les êtres ; je vois un autre toi invisible, un autre moi-même : en un mot, je vois tout double.

LE MARCHAND. — Cela étant, il faut que je t'achète. Tu me parais être bien habile, et avoir la vue perçante. Çà, crieur, combien me demanderas-tu pour celui-ci ?

---

1. Voir le *Parménide* de Platon.

MERCURE. — Donnes-en deux talents.

LE MARCHAND. — Je l'achète pour cette somme ; mais je donnerai l'argent une autre fois.

MERCURE. — Quel est ton nom ?

LE MARCHAND. — Dion, de Syracuse[1].

MERCURE. — À la bonne heure. Emmène-le. Épicure, c'est à présent ton tour. Qui veut faire emplette de celui-ci ? Il est disciple du rieur et de l'ivrogne que j'ai criés tout à l'heure. Il ne sait rien de plus qu'eux ; il est seulement un peu plus impie. Du reste, son caractère est fort doux, et porté à la gourmandise.

LE MARCHAND. — De quel prix est-il ?

MERCURE. — De deux mines.

LE MARCHAND. — Les voilà. Mais apprends-moi quels sont les mets auxquels il se plaît davantage.

MERCURE. — Il ne se nourrit que de choses douces et préparées au miel ; mais à tout il préfère les figues.

LE MARCHAND. — Il ne sera pas difficile de lui en donner, et je lui achèterai des paniers de figues grasses.

JUPITER. — Appelles-en un autre, cet homme à mine rébarbative, dont les cheveux sont rasés jusqu'à la peau, et qui vient du portique.

1. C'était le disciple et l'ami de Platon.

MERCURE. — Tu as raison. La plupart de ceux qui sont venus à notre vente semblent l'attendre[1]. Je vends la vertu même, et une vie dont la perfection est à son comble. Qui veut être le seul qui sache toute chose ?

LE MARCHAND. — Que veut dire cela ?

MERCURE. — Que cet homme-ci est le seul sage, le seul beau, le seul juste, le seul courageux, le seul roi, le seul éloquent, le seul riche, le seul législateur, et qu'il possède de la même manière toutes les autres qualités.

LE MARCHAND. — Il est donc aussi le seul cuisinier, le seul écorcheur, le seul charpentier, etc.

MERCURE. — Vraisemblablement.

LE MARCHAND. — Approche, mon ami, et dis-moi, comme à celui qui va bientôt t'acheter, qui tu es ; mais auparavant apprends-moi si tu n'es pas fâché de te voir ainsi vendre et réduire en esclavage.

CHRYSIPPE. — Nullement ; car ce sont des choses qui ne sont point en notre pouvoir : or, ce qui n'est pas en notre pouvoir, est indifférent[2].

LE MARCHAND. — Je ne te comprends pas.

---

1. La philosophie stoïcienne était alors très estimée, et c'est aussi contre elle que Lucien décoche les traits les plus violents et les plus fréquents de sa satire.
2. Ce principe de la philosophie stoïcienne est contenu dans la première maxime du manuel d'Épictète.

CHRYSIPPE. — Comment, tu ne sais pas qu'il y a des choses *proposées*, et des choses *rejetées*[1] ?

LE MARCHAND. — Je ne le sais pas même à présent.

CHRYSIPPE. — Cela n'est pas étonnant ; tu n'es pas accoutumé à nos dénominations, et ton imagination n'est pas *compréhensive*. Mais quand on a étudié avec application l'art du raisonnement, on sait non seulement ces choses-là, mais encore ce que c'est qu'*accident*, et *accident* d'*accident*.

LE MARCHAND. — Fais-moi le plaisir de m'expliquer ce que c'est que l'*accident*, et l'*accident* d'*accident* ; je t'en conjure par la philosophie : car je ne sais comment le rythme harmonieux de ces mots a frappé mon oreille.

CHRYSIPPE. — Très volontiers. Si quelqu'un était boiteux, et que se frappant le pied incommodé contre une pierre, il s'y fît une blessure, l'incommodité qui le ferait boiter serait l'*accident*, et la blessure l'*accident* d'*accident*.

LE MARCHAND. — Quelle pénétration ! Mais sais-tu encore quelque autre chose ?

CHRYSIPPE. — Oui : je fais des filets, dans lesquels j'embarrasse ceux qui disputent avec moi. Je leur ferme la bouche, et les réduis au silence en leur imposant un frein, et le nom de ce puissant moyen, c'est le fameux syllogisme.

---

1. Ces mots sont deux termes particuliers aux Stoïciens.

LE MARCHAND. — Par Hercule ! voilà une arme bien terrible, et qui doit te rendre invincible.

CHRYSIPPE. — Juges-en. As-tu un fils ?

LE MARCHAND. — Pourquoi cela ?

CHRYSIPPE. — Supposons qu'un crocodile l'ait surpris se promenant sur le bord d'un fleuve, et l'ait enlevé ; qu'ensuite il te promette de te le rendre, à condition que tu lui diras au juste s'il a résolu, ou non, de te rendre ton fils : quelle résolution diras-tu être celle du crocodile ?

LE MARCHAND. — Tu me fais là une question à laquelle il est difficile de répondre, et je ne sais ce que je dois dire pour recouvrer mon fils. De grâce, réponds pour moi, et sauve-lui la vie : mais dépêche-toi, de peur que la voracité du monstre ne prévienne ta réponse.

CHRYSIPPE. — Ne crains rien[1]. Je t'en apprendrai encore d'autres bien plus admirables.

LE MARCHAND. — Quels sont-ils ?

CHRYSIPPE. — Le Moissonnant[2], le Dominant, l'Électre, qui les surpasse tous, et le Voilé.

LE MARCHAND. — Qu'est-ce que ce Voilé et cette Électre dont tu parles ?

---

1. Il est dommage que Lucien ne nous apprenne pas quel est ce beau raisonnement, plusieurs auteurs parlent aussi du *crocodile*, sans en donner l'explication.
2. Nous ne connaissons pas non plus le *moissonnant*, ni le *dominant*.

CHRYSIPPE. — C'est la fameuse Électre, la fille d'Agamemnon, qui sait en même temps une chose et ne la sait pas. Car quand Oreste est devant elle, il lui est inconnu : elle sait cependant qu'Oreste est son frère, et ne sait pas que celui qu'elle voit est Oreste. Voici maintenant le Voilé : c'est une de nos inventions les plus merveilleuses. Écoute, et réponds-moi. Tu connais ton père, n'est-ce pas ?

LE MARCHAND. — Oui.

CHRYSIPPE. — Eh bien, si je te présentais un homme couvert d'un voile, et que je te demandasse si tu le connais, que répondrais-tu ?

LE MARCHAND. — Que je ne le connais pas.

CHRYSIPPE. — C'était cependant là ton père ; et si tu l'as méconnu, j'en puis conclure que tu ne connais pas ton père.

LE MARCHAND. — Point du tout ; car si je lui ôte son voile, je saurai bien la vérité. Mais enfin, quel est le but de cette science, et que feras-tu quand tu seras arrivé au sommet de la vertu[1] ?

CHRYSIPPE. — Je jouirai de tous les biens qui, par leur nature, occupent le premier rang, c'est-à-dire de la richesse, de la santé, et des autres choses semblables. Mais, avant de les obtenir, il faut se livrer à

1. Les Stoïciens plaçaient la vertu sur le sommet d'une montagne escarpée.

de grands travaux, coller son visage sur de gros volumes d'une écriture très fine, entasser les commentaires et les citations[1], se farcir la mémoire de solécismes et de mots absurdes[2]. Mais le point principal, c'est qu'il n'est pas possible d'être sage qu'on ne se soit purgé trois fois de suite avec de l'ellébore.

LE MARCHAND. — Tes principes sont fort beaux, ils portent un caractère mâle ; mais être un Gniphon[3], un usurier (car je sais que c'est une de tes qualités), dirons-nous que cela soit digne d'un homme qui a bu de l'ellébore, et que la vertu a perfectionné ?

CHRYSIPPE. — Certainement, et il ne convient qu'au seul sage de prêter à usure, puisqu'il n'appartient qu'à lui de faire de bons syllogismes. Or, prêter à usure, et calculer

1. Chrysippe, au rapport de Diogène Laërce, avait écrit trois cent onze volumes sur la dialectique, sans compter un grand nombre d'autres ouvrages, tous remplis de tant de citations qu'elles en formaient plus des deux tiers. Dans un de ses traités, il inséra la *Médée* d'Euripide tout entière ; et un jour qu'un de ses disciples tenait ce traité à la main, quelqu'un lui demandant quel était le livre dont il paraissait si fort occupé, c'est, répondit-il, la *Médée* de Chrysippe. Sénèque témoigne beaucoup de mépris pour les ouvrages de Chrysippe ; il les traite de superficiels, et dit qu'il ne faisait qu'effleurer les sujets, semblable à une lame qui plie et ne perce pas.
2. Chrysippe avait fait un ouvrage sur les solécismes et les phrases vicieuses, où il en rapportait un grand nombre. Les Stoïciens faisaient peu de cas de la pureté du langage et de la correction du style.
3. Nom de quelque fameux usurier, qui servit par la suite de dénomination générale pour tous les usuriers ; comme pour désigner un avare, nous disons un *harpagon*, et un *tartuffe*, pour désigner un faux dévot.

des intérêts, c'est à peu près la même chose que former des syllogismes, et l'un comme l'autre appartient exclusivement au sage. Cependant il ne doit pas, comme la plupart des usuriers, exiger simplement les intérêts, mais encore les intérêts des intérêts. En effet, ne sais-tu pas que de ces premiers intérêts naissent les seconds, qui sont, pour ainsi dire, engendrés par eux ? Tu vois bien à présent que pour faire un syllogisme conséquent, il faudra exiger les seconds intérêts si l'on prend les premiers ; or, on prendra les premiers, donc il faut exiger les seconds.

LE MARCHAND. — Dirons-nous aussi la même chose de l'argent que tu reçois des jeunes gens pour le salaire de tes enseignements ? et doit-il aussi passer pour constant qu'il ne convient qu'au seul sage de recevoir un salaire pour prix de la vertu ?

CHRYSIPPE. — Tu l'as dit ; car ce n'est pas pour moi, mais pour faire plaisir à celui qui me donne que je reçois. Or, en ceci, l'un donne, l'autre reçoit ; moi, je m'exerce à recevoir, et mon disciple apprend à donner.

LE MARCHAND. — Tu disais cependant le contraire ; que c'était ton disciple qui recevait, et que, comme le seul riche, c'est toi qui étais libéral.

CHRYSIPPE. — Tu railles, mon ami ; mais prends garde que je ne te décoche un syllogisme indémontrable.

LE MARCHAND. — Eh, quel mal m'en arriverait-il ?

CHRYSIPPE. — La perplexité, le silence, le bouleversement de l'esprit. Mais ce qu'il y a de plus fort, c'est que, si je le veux, je te changerai dans un instant en pierre.

LE MARCHAND. — Comment, en pierre ! Je ne croyais pas, mon ami, que tu fusses un Persée.

CHRYSIPPE. — Voici comment. Une pierre est un corps.

LE MARCHAND. — Oui.

CHRYSIPPE. — Eh bien, un animal n'est-il pas aussi un corps ?

LE MARCHAND. — Sans doute.

CHRYSIPPE. — Tu es un animal.

LE MARCHAND. — Je le crois.

CHRYSIPPE. — Donc tu es une pierre, puisque tu es un corps.

LE MARCHAND. — Point du tout. Cependant rends-moi, de grâce, à ma première forme, et fais-moi redevenir homme.

CHRYSIPPE. — Cela n'est pas difficile. Sois homme à présent ; réponds-moi. Tout corps est-il animal ?

LE MARCHAND. — Non.

CHRYSIPPE. — Une pierre est-elle animal ?

LE MARCHAND. — Non.

CHRYSIPPE. — Or, tu es corps ?

LE MARCHAND. — Oui.

CHRYSIPPE. — Et étant corps, tu es animal ?

LE MARCHAND. — Oui.

CHRYSIPPE. — Donc, tu n'es pas pierre, puisque tu es animal.

LE MARCHAND. — Tu m'as rendu un grand service ; car mes jambes, comme celles de Niobé, se refroidissaient déjà et commençaient à devenir raides : cela me détermine à t'acheter. Combien en veut-on ?

MERCURE. — Douze mines.

LE MARCHAND. — Tiens, les voilà.

MERCURE. — L'as-tu acheté pour toi seul ?

LE MARCHAND. — Non, vraiment ; tous ceux que tu vois ici y ont part.

MERCURE. — Le nombre en est grand ; ils ont les épaules fortes et capables de l'argument du Moissonnant.

JUPITER. — Allons, ne t'amuse point ; appelles-en un autre.

MERCURE. — Le Péripatéticien[1] : c'est toi que j'appelle. Voici le beau, le riche : allons, achetez le très intelligent, le savant universel.

LE MARCHAND. — Quelles sont ses qualités ?

MERCURE. — Il est modéré, doux, accommodant, et qui plus est, double.

LE MARCHAND. — Comment, il serait intérieurement tout autre qu'il ne paraît ?

1. Nom donné à Aristote et à ses disciples, qui philosophaient en se promenant. (*N.d.E.*)

MERCURE. — Oui, et si tu l'achètes, souviens-toi de distinguer en lui l'homme intérieur de l'homme extérieur.

LE MARCHAND. — Et que sait-il de plus !

MERCURE. — Qu'il y a trois sortes de biens : ceux de l'âme, ceux du corps et ceux de la fortune.

LE MARCHAND. — Sa morale est humaine. De combien est-il ?

MERCURE. — De vingt mines.

LE MARCHAND. — C'est beaucoup.

MERCURE. — Non, mon ami, car il paraît avoir de l'argent : et si tu m'en crois, tu te dépêcheras de l'acheter. D'ailleurs, il t'apprendra en peu de temps combien vit un moucheron, jusqu'à quelle profondeur les rayons du soleil pénètrent dans la mer, de quelle nature est l'âme des huîtres.

LE MARCHAND. — Par Hercule ! quels détails minutieux !

MERCURE. — Que sera-ce quand tu lui entendras dire des choses bien plus subtiles sur la génération, sur le fœtus et la formation de l'embryon dans le ventre de sa mère ; soutenir que l'homme est un animal risible, et non pas l'âne, qui ne se construit point de maison et ne navigue point.

LE MARCHAND. — Voilà des choses tout à fait admirables, et une science fort utile. Je l'achèterai donc vingt mines.

MERCURE. — Soit.

JUPITER. — Nous en reste-t-il un autre ?

MERCURE. — Oui, ce sceptique. Avance ici, Pyrrhias[1], qu'on te vende au plus tôt. Presque tous les marchands s'en vont ; nous aurons peu d'acheteurs : toutefois, qui veut acheter celui-ci ?

LE MARCHAND. — Moi. Mais, auparavant, dis-moi ce que tu sais.

LE PHILOSOPHE. — Rien.

LE MARCHAND. — Que veux-tu dire par là ?

LE PHILOSOPHE. — Que je ne crois à l'existence d'aucune chose.

LE MARCHAND. — Et nous, nous n'existons donc point !

LE PHILOSOPHE. — Je n'en sais rien.

LE MARCHAND. — Tu n'existes peut-être pas non plus.

LE PHILOSOPHE. — Je l'ignore encore davantage.

LE MARCHAND. — Quelle incertitude ! Eh ! que veulent dire ces balances ?

LE PHILOSOPHE. — Elles me servent à peser les raisons et à juger de leur égalité ; mais les voyant toutes

1. Pyrrhon. Il lui donne le nom de Pyrrhias, qui est un nom d'esclave, formé de celui d'un certain Pyrrhius, ainsi appelé parce qu'il était roux ; c'est aussi le nom d'une espèce de serpent roux ; et ce pourrait être par allusion à la facilité qu'a ce serpent très glissant de s'échapper, qu'il appelle ainsi Pyrrhon, qui par son doute élude toute sorte de questions.

d'un poids parfaitement semblable, je ne sais quelle peut être la plus vraie.

LE MARCHAND. — Du reste, que sais-tu faire ?

LE PHILOSOPHE. — Tout, excepté poursuivre un fugitif[1].

LE MARCHAND. — Eh ! pourquoi cela t'est-il impossible ?

LE PHILOSOPHE. — C'est que je ne puis le saisir.

LE MARCHAND. — Je le crois, car tu as l'air d'être un lourd et stupide personnage. Mais enfin, quel est le but de ta doctrine ?

LE PHILOSOPHE. — De ne rien savoir, de ne point entendre et de ne point voir.

LE MARCHAND. — Tu es donc sourd et aveugle ?

LE PHILOSOPHE. — Et, de plus, dénué de jugement et de sensibilité : en un mot, peu différent d'un ver.

LE MARCHAND. — À cause de tout cela, je veux t'acheter… T'ai-je acheté ?

LE PHILOSOPHE. — La chose est incertaine.

LE MARCHAND. — Nullement ; je t'ai acheté, et l'argent est donné.

LE PHILOSOPHE. — Je m'abstiens et je considère[2].

LE MARCHAND. — Quoi qu'il en soit, suis-moi, puisque tu es mon esclave.

---

1. La Vérité.
2. C'est la maxime ordinaire de Pyrrhon.

LE PHILOSOPHE. — Qui sait si tu dis la vérité ?

LE MARCHAND. — Le crieur, l'argent, et ceux qui sont ici.

LE PHILOSOPHE. — Y a-t-il quelqu'un ici ?

LE MARCHAND. — Je vais tout à l'heure te mener au moulin, et je te persuaderai, par un argument un peu rude, que je suis ton maître. (*Il le frappe.*)

LE PHILOSOPHE. — Je m'abstiens toujours de rien décider.

LE MARCHAND. — Par Jupiter ! je te l'ai déjà prouvé.

MERCURE. — Cesse de t'entêter, et suis celui qui t'a acheté. Demain matin, nous vous appellerons ; nous mettrons en vente les représentants des artisans.

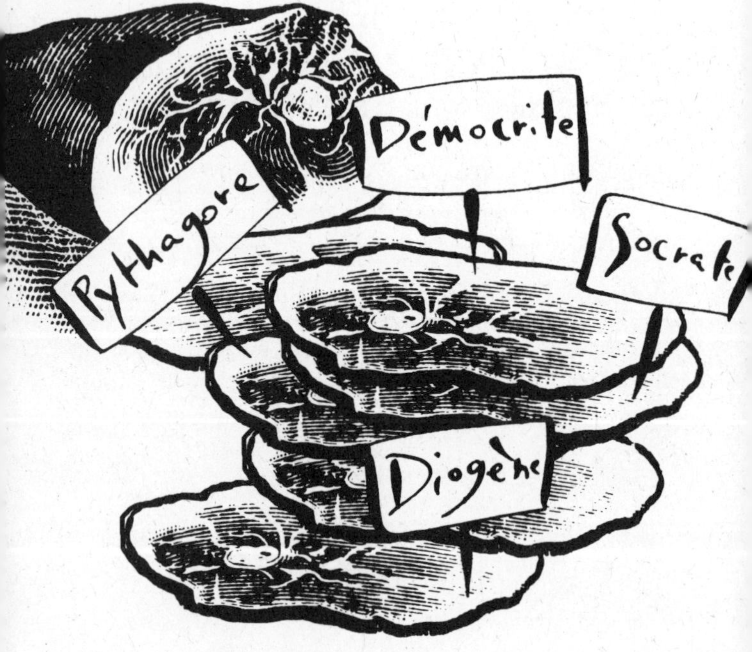
Démocrite
Pythagore
Socrate
Diogène

Superficiel par profondeur

Dans un dialogue où il se met lui-même en scène et répond visiblement au scandale provoqué par son pamphlet *Sectes à vendre*, Lucien a défini nettement son programme : « Je fais profession de haïr la forfanterie, le charlatanisme, le mensonge, l'orgueil, tous les vices de cette espèce, et tous les hommes qui en sont infectés. » (*Le Pêcheur ou les Ressuscités*). Ce programme, tous les textes que nous avons de Lucien nous montrent qu'il a consacré sa vie d'écrivain à le remplir, n'hésitant ni à ridiculiser les dieux en leur prêtant tous les travers des hommes ni à prendre pour cible les gloires les moins contestées de la philosophie. Toutefois, concernant la virulence de ces attaques telles qu'elles apparaissent dans *Sectes à vendre*, il convient de souligner que ce ne sont pas les personnages *historiques* de Socrate, de Démocrite ou de Diogène que vise Lucien, mais les succédanés philosophiques qu'à son époque leurs noms cautionnent. Avant tout, ce sont les épigones et les disciples abusifs qu'il a en horreur.

Il montre en effet clairement, dans nombre d'autres textes, vers qui vont ses préférences. Il admire les premiers cyniques, le Diogène et le Cratès historiques, qui, pour leur part, accordaient leur pensée avec leurs actes et faisaient de la vérité une force pratique. À diverses reprises il se réfère également de façon positive aux philosophies matérialistes de Démocrite et d'Épicure. Son athéisme ne saurait être sérieusement mis en doute et, pour employer les catégories de son temps, il se laisserait volontiers définir lui-même comme *sceptique*, ce qui ne l'empêche pas de railler le représentant de la secte de Pyrrhon. En revanche il éprouve une véritable aversion pour les doctrinaires, car ce sont les plus dangereux, ceux qui dupent le plus aisément la foule avide d'illusions : Pythagore, avec son absurde croyance en la réincarnation, Platon, qui fait du monde réel la copie du monde intelligible des idées, ou les Stoïciens dont la morale intériorise et justifie la douleur et l'esclavage. On aura remarqué que, dans le dialogue, Pythagore, Socrate et Chrysippe se vendent bien plus cher et plus aisément que Diogène, qui « vaut » seulement deux oboles, ou que Démocrite et Héraclite, qui ne trouvent même pas preneur.

Cependant, s'il se reconnaît dans certaines des plus hautes attitudes philosophiques du passé, Lucien ne mène pas son combat au nom d'une vérité toute prête, d'une morale déjà constituée ou d'un projet positif. Sa critique reste toujours négative et il se différencie en cela des pamphlétaires et des satiriques modernes, tel le Swift de la *Modeste proposition* ou le Voltaire des *Contes philosophiques*. À cet égard son héritier le plus conséquent chez les modernes est Leopardi qui, dans ses *Petites Œuvres morales*, reprend à son compte la forme même des dialogues de Lucien et en développe le scepticisme et la négativité jusqu'à leurs ultimes conséquences.

En Lucien, la civilisation antique a trouvé, avant de s'éteindre, le regard critique qu'elle se devait de porter sur elle-même. Il a été souvent reproché à Lucien de n'être qu'un piètre philosophe, de ne pas se tenir à la hauteur des pensées et des hommes qu'il brocarde si cruellement. C'est là ne pas voir que dans le monde désespérément fermé où il vivait, la parodie et la satire étaient sans doute les seules attitudes qui fussent, philosophiquement, acceptables. Sous la dynastie des Antonins, l'Empire romain a atteint sa plus grande extension. Rome, qui s'est identifiée à l'univers, refuse de pousser plus avant ses conquêtes. Le système clos de la *pax romana* fonctionne sans grands heurts et semble voué à une stabilité millénaire ; de Trajan à Marc-Aurèle, l'État est gouverné par une bureaucratie plus efficace que le despotisme sanguinaire de type néronien et, tant que n'est pas remise en cause la personne de l'empereur, la tolérance affichée par le pouvoir permet l'expression des opinions les plus extravagantes – ce qui ne saurait constituer une menace sérieuse, puisque toute vie politique a disparu. Chacun est relégué à la sphère des affaires privées, et le mouvement de l'histoire semble à jamais suspendu. Or, quand les hommes ne se sentent plus en aucune façon les acteurs de leur histoire, ils ne trouvent plus aucun sens à assigner à leurs actions et s'agitent dans les directions les plus aberrantes, se laissant entraîner par le premier imposteur venu. Toute nouvelle explication métaphysique de l'univers apparaît dans ces conditions au mieux comme une vaine entreprise, au pire comme une participation à l'imposture généralisée. La seule attitude possible pour l'homme véridique consiste alors à dénoncer cette imposture en se décentrant par rapport au discours philosophique, par les seules armes du rire et de la dérision. C'est ce que Lucien a tenté de faire, et ce avec d'autant plus de mérite qu'il était isolé dans son siècle. Il y a ainsi des époques – et pas seulement anciennes – qui vous contraignent à être, pour reprendre le mot de Nietzsche, « superficiel par profondeur ».

JOËL GAYRAUD

Vie de Lucien de Samosate

Né vers 125 après J.-C. à Samosate, localité de Commagène, dans la province romaine de Syrie, Lucien est issu d'un milieu modeste. Destiné par sa famille à travailler chez un oncle statuaire, il s'enfuit le premier jour de son apprentissage. Encore adolescent, il quitte Samosate pour les villes ioniennes de la côte d'Asie Mineure où il apprend le grec (sa langue maternelle est le syriaque). Il devient avocat et exerce brièvement à Antioche, puis il choisit de gagner sa vie comme sophiste et professeur de rhétorique, donnant des conférences dans tout le monde romain. Il entreprend une série de voyages qui le mènent notamment en Grèce, à Rome et en Gaule méridionale. Il abandonne la sophistique vers l'âge de quarante ans pour s'installer à Athènes où il se consacre au dialogue satirique. De cette période datent les *Dialogues des Courtisanes*, les *Dialogues des Morts*, les *Sectes à vendre*, et de nombreux pamphlets dirigés contre les marchands d'illusions. L'un de ceux-ci, qui se faisait passer pour un dieu et qu'il avait publiquement démasqué, tenta même de le faire assassiner (*Alexandre ou le faux prophète*). Lucien assista en 165 à la crémation volontaire d'un illuminé qui mit en scène son suicide afin de s'assurer la gloire et de donner aux idées de sa secte la plus grande publicité : le récit qu'il en fait dans *La Mort de Pérégrinus* est un chef-d'œuvre d'ironie pamphlétaire. Il ne s'est pas contenté de créer les genres nouveaux du pamphlet et du dialogue satirique, il excelle aussi dans la critique d'art (*Zeuxis*), dans l'observation des coutumes des peuples étrangers (*L'Hercule gaulois*, *La Déesse syrienne*), et nous a donné avec l'*Histoire véritable* le premier récit entièrement consacré à un voyage imaginaire, où les héros explorent l'Océan et la lune.

Vers l'âge de cinquante ans, il reprend sa vie errante de sophiste ambulant, puis se voit confier par l'empereur Marc-Aurèle une importante charge d'administrateur en Égypte, où il meurt vers la fin du règne de Commode entre 190 et 192.

Il nous reste de lui quatre-vingts opuscules de prose, deux drames parodiques en vers et une quarantaine d'épigrammes. À partir de la Renaissance,

Lucien est traduit en latin, puis en français, dans des versions souvent très éloignées de l'original comme « la belle infidèle » de Perrot d'Ablancourt au XVIIe siècle. La traduction de Belin de Ballu publiée en 1788 est la première traduction complète des œuvres de Lucien, effectuée directement à partir des manuscrits grecs. Nous ne sommes intervenu que très ponctuellement, pour corriger de minimes erreurs ou gommer quelques archaïsmes.

Repères bibliographiques

Ouvrages de Lucien de Samosate

- *Sincèrement vôtre*, Éd. Saint-Germain-des-Prés, collection Miroir oblique 1972.
- *La Déesse syrienne*, G. Trédaniel, 1980.
- *Histoire véritable*, Actes Sud, 1987.
- *La Luciade ou l'Âne*, Allia, 1990.
- *Œuvres*, Les Belles Lettres, 1993.
- *Hermotime ou comment choisir sa philosophie ?*, PUF, 1993.
- *L'Âne*, Allia, 1996.

Études sur Lucien de Samosate

- LAUVERGNAT-GARNIÈRE (Christiane), *Lucien de Samosate et le lucianisme en France au XVIe siècle : athéisme et polémique*, Droz, 1988.
- MAYER (Claude-Albert), *Lucien de Samosate et la Renaissance française*, Slatkine, 1984.

Mille et une nuits propose des chefs-d'œuvre pour le temps d'une attente, d'un voyage, d'une insomnie...

Derniers titres parus chez le même éditeur

107. Guy de Maupassant, *Les Sœurs Rondoli*. 108. Alfred Jarry, *Le Surmâle*. 109. Lao-tseu, *Tao te king*. 110. Jacques Berque, *Les Arabes, l'islam et nous*. 111. Vincent Ravalec, *PEP, Projet d'éducation prioritaire*. 112. Thomas De Quincey, *Les Derniers Jours d'Emmanuel Kant*. 113. Platon, *Lettre aux amis*. 114. Henry David Thoreau, *La Désobéissance civile*. 115. Marco Ferrari, *En 2 CV vers la révolution*. 116. Friedrich Nietzsche, *Ecce Homo*. 117. Gustave Flaubert, *La Légende de saint Julien l'Hospitalier*. 118. Luigi Pirandello, *Le Viager*. 119. Heinrich Böll, *Lettre à un jeune catholique*. 120. Benjamin Péret, *Le Déshonneur des poètes*. 121. Michel Bakounine, *Dieu et l'État*. 122. Sun Tzu, *L'Art de la guerre*. 123. Paul Verlaine, *Chansons pour Elle*. 124. Paul Bowles, *L'Éducation de Malika*. 125. Lewis Carroll, *La Chasse au Snark*. 126. Khalil Gibran, *Le Fou*. 127. Thomas Mann, *La Loi*. 128. Victor Hugo, *L'Art d'être grand-père*. 129. Pierre Legendre, *La Fabrique de l'homme occidental*. 130. Jean-Jacques Rousseau, *Discours sur l'origine et les fondements de l'inégalité parmi les hommes*. 131. Apocalypse. 132. Julien Offray de La Mettrie, *L'Art de jouir*. 133. Raphaël Confiant, *La Baignoire de Joséphine*. 134. Charles Baudelaire, *Mon cœur mis à nu*. 135. *Bhagavad-Gîtâ*. 136. Érasme, *Éloge de la folie*. 137. Bernard Comment, *L'Ongle noir*. 138. Ambrose Bierce, *Le Club des parenticides*. 139. Lucien de Samosate, *Sectes à vendre*. 140. Edith Wharton, *Les Yeux*. 141. Baltasar Gracián, *L'Homme de cour*. 142. Nicolas de Chamfort, *Maximes et Pensées*.

Pour chaque titre, le texte intégral, une postface, la vie de l'auteur et une bibliographie.

Achevé d'imprimer en janvier 1997,
sur papier recyclé Ricarta-Pigna par G. Canale & C. SpA (Turin, Italie)